VENTE APRÈS DÉCÈS

TABLEAUX

ET

AQUARELLES

DE

J. LOUIS THOMAS

HOTEL DROUOT, SALLE N° 5

Le Jeudi 10 Mars 1881

A DEUX HEURES PRÉCISES

<table>
<tr><td>M ESCRIBE</td><td>M. HARO, peintre-expert</td></tr>
</table>

Me ESCRIBE	M. HARO, peintre-expert
COMMISSAIRE-PRISEUR	CHEVALIER DE LA LÉGION D'HONNEUR
6, rue de Hanovre	14, rue Visconti, et rue Bonaparte, 20

1881

PARIS. — IMPRIMERIE ÉMILE MARTINET, RUE MIGNON, 2

CATALOGUE

DES

TABLEAUX

ET

AQUARELLES

DE

J. LOUIS THOMAS

VENTE HOTEL DROUOT, SALLE N° 5

A DEUX HEURES PRÉCISES

Le Jeudi 10 Mars 1881

EXPOSITION LE MERCREDI 9 MARS

DE UNE HEURE A CINQ HEURES

Mᵉ ESCRIBE

COMMISSAIRE-PRISEUR

6, rue de Hanovre

M. HARO, peintre-expert

CHEVALIER DE LA LÉGION D'HONNEUR

14, rue Visconti, et rue Bonaparte, 20

LOUIS THOMAS

M. Louis Thomas était un de ces artistes qui ne recherchent ni le bruit, ni la renommée, qui ne courent même pas après la fortune. Ce qu'il aimait avant tout, c'était la nature et le travail. Un paysagiste peut passer des mois, des années dans la contemplation des scènes qui le charment, dans l'étude des effets sans nombre que la campagne, gracieuse ou austère, féconde ou sauvage, déploie autour de lui. Élève de Français, lié intimement avec Jules Dupré, ces maîtres lui avaient enseigné l'art d'interpréter le monde mystérieux qui nous entoure, d'en reproduire les splendeurs évidentes et les grâces secrètes. Et il se livrait tout entier aux séductions de la muse champêtre, sans songer, comme il l'aurait dû, aux applaudissements et aux récompenses ; un petit cercle de connaisseurs l'encourageait, le fortifiait contre l'abattement et la défaillance, lui montrait dans le lointain les succès, la renommée auxquels il avait le droit de prétendre. Son talent se développait donc de jour en jour. Le moment approchait où la justice de l'opinion allait le récompenser de ses longs efforts. Mais qui peut prévoir les arrêts du destin ? Pendant que Louis Thomas épurait, agrandissait sa manière, un mal inattendu et inexorable est venu miner ses forces : on l'a vu décliner de jour en jour. Après s'être bercé quelque temps d'un vain espoir, il comprit qu'une chance fatale l'arrêtait au milieu de sa carrière : il tombait mortellement frappé, lorsqu'il étendait la main pour toucher le but de ses aspirations et de ses désirs. L'exposition de ses œuvres montrera la souplesse de son imagination, la sincérité de ses études, les ressources de son talent, et prouvera qu'il méritait un meilleur sort.

Alfred MICHIELS.

TABLEAUX

DÉSIGNATION

TABLEAUX

1. — Environs d'Aix-les-Bains.

$$H., 0^m,38. \quad L., 0^m,46.$$

2. — Moulin de Cramoisy.

$$H., 0^m,24. \quad L., 0^m,32.$$

3. — Chemin de Saint-Claude.

$$H , 0^m,40. \quad L., 0^m,32.$$

4. — Aix-les-Bains.

Pendant du précédent.

$$H., 0^m,40. \quad L., 0^m,32.$$

5. — Vue de Tresserve (Savoie).

H., 0^m,30. L., 0^m,41.

6. — Vue prise dans le Jura.

H., 0^m,33. L., 0^m,41.

7. — Vue prise au Tréport.

H., 0^m,30. L.,0^m,46.

8. — Place de la Mi-Carême à Cires-les-Mello.

H., 0^m,32. L., 0^m,40.

9. — Vue prise au bord d'un lac.

H., 0^m,32. L., 0^m,40.

10. — Les Houx : Environs de la Bourboule.

H., 0^m,35. L., 0^m,46.

11. — Environs de Thiers (Puy-de-Dôme).

H., 0^m,35. L., 0^m,46.

12. — Vue de Cires-les-Mello (Oise).

H., 0^m,32. L., 0^m,46.

13. — Vue prise à Eu.

H., 0^m,32. L., 0^m,46.

14. — Une Chaumière.

H., 0^m,24. L., 0^m,35.

15. — Chemin de Pagnères (Oise).

H., 0^m,24. L., 0^m,32.

16. — Environs de Mouy (Oise).

H., 0^m,35. L., 0^m,54.

17. — Le Lac du Bourget : Aix-les-Bains.

H., 0^m,35. L., 0^m,54.

18. — Lavoir de Cramoisy.

H., 0^m,38. L., 0^m,54.

19. — Environs de Mouy : Vallée de l'Oise.

H., 0^m,38. L., 0^m,45.

20. — Chemin creux (Vosges).

H., 0^m,46. L., 0^m,39.

21. — Une Chaumière à Cires-les-Mello (Oise).

H., 0ᵐ,46. L., 0ᵐ,38.

22. — Vue prise au Mont-Dore.

H., 0ᵐ,35. L., 0ᵐ,47.

23. — Vue du Mont-Blanc.

H., 0ᵐ,30. L., 0ᵐ,45.

24. — Vue prise en Auvergne.

H., 0ᵐ,35. L., 0ᵐ,47.

25. — Vue prise au Mont-Dore.

H., 0ᵐ,43. L., 0ᵐ 54.

26. — Vue prise à Maysel : Bords de l'Oise.

H., 0ᵐ,41. L., 0ᵐ,55.

27. — Vue prise en Haute-Savoie.

H., 0ᵐ,40. L., 0ᵐ,54.

28. — Vue du Château de Mouchy.

H., 0ᵐ,80. L., 1ᵐ,00.

29. — Vue prise dans le Jura.

H., 0^m,43. L., 0^m,55

30. — Environs du Mont-Dore.

H., 0^m,43. L., 0^m,55.

31. — Ravins en Auvergne.

H., 0^m,43. L., 0^m,55.

32. — Vue prise en Savoie.

H., 0^m,43. L., 0^m,55.

33. — Vue du Château de Mello.

H., 0^m,40. L., 0^m,55.

34. — Étang de Chantilly.

H., 0^m,24. L., 0^m,35.

35. — Vue prise dans les Vosges.

H., 0^m,63. L., 0^m,93.

36. — Vue du Mont-Blanc (Savoie).

H., 0^m,59. L., 0^m,81.

37. — Vue du Moulin de Cramoisy.

H., 0^m,55. L., 0^m,73.

38. — Un ravin dans le Jura.

H., 0^m,43. L., 0^m,60.

39. — Rivière du Terrain à Mello.

H., 0^m,45. L., 0^m,64.

40. — Vue prise dans le Parc de Mello.

H., 0^m,61. L., 0^m,50.

41. — Environs de Royat.

H., 0^m,49. L., 0^m,61.

AQUARELLES

AQUARELLES

42. — Ruines : Bords du Rhône.

H., 0^m,17. L., 0^m,29.

43. — Bords de la Saône.

H., 0^m,14. L., 0^m,22.

44. — La Maison du Garde : intérieur de forêt.

H., 0^m,14. L., 0^m,21.

45. — Moulin à Berncastel sur la Moselle.

H., 0^m,28. L., 0^m,24.

46. — Environs d'Amiens : effet de soleil couchant.

H., 0^m,22. L., 0^m,33.

47. — La Faisanderie : intérieur de forêt.

H., 0^m,23. L., 0^m,34.

48. — Le Torrent.

H., 0^m,17. L., 0^m,24.

49. — La vieille Porte.

H., 0^m,16. L., 0^m,23.

50. — Cours d'eau sous bois.

H., 0^m,16. L., 0^m,22.

51. — Lisière de forêt.

H., 0^m,15. L., 0^m,21.

52. — Les Châlets : Suisse.

H., 0^m,18. L., 0^m,25.

53. — Les grands Rochers : effet du soir.

H., 0^m,17. L., 0^m,28.

PARIS. — IMPRIMERIE ÉMILE MARTINET, RUE MIGNON, 2